SUPER BOWLS

LES REPAS SANTÉ & ÉQUILIBRÉS

Classic
Pulse

LES
SUPERALIMENTS

Qui dit superbowl dit superaliments... les recettes de ce livre en sont remplies.

LES OLÉAGINEUX

Noix, graines de chia, noisettes, amandes, pistaches, graines de courge... apportent de bons acides gras (notamment des omégas 3), des protéines végétales ainsi que de nombreux minéraux ou oligo-éléments, comme le magnésium qui constitue un antistress essentiel.

LES FRUITS SECS

Baies de goji, raisins ou abricots secs, lamelles de coco ou de bananes séchées : les fruits secs sont intéressants d'un point de vue nutritionnel puisqu'ils sont source de vitamines et de minéraux. Les abricots secs, par leur richesse en potassium et leur faiblesse en sodium, aident par exemple à éviter la rétention d'eau. Riches en glucides, tous ces fruits secs sont parfaits pour les sportifs car pendant l'effort, ils boostent rapidement.

LES ÉPICES ET LES HERBES

Cannelle antifringale, gingembre antifatigue, curcuma anti-inflammatoire et antioxydant, persil riche en vitamine C... Chacune de ces épices et herbes fraîches contient ses propres nutriments et a ses propres vertus, tous intéressants pour l'équilibre de l'organisme. Il est toutefois conseillé d'éviter les herbes sous forme de poudre. Vous les rencontrerez au fil des recettes de ce livre : variez donc les plaisirs, c'est la meilleure façon de profiter de leurs bienfaits.

LES AUTRES SUPERALIMENTS

Chocolat et cacao amer riches en magnésium, spiruline bourrée de minéraux, sucre complet non raffiné riche en minéraux, sirop d'agave à l'index glycémique faible, thé matcha pour faire le plein d'antioxydants ou encore pollen antifatigue... La liste des superaliments subtilement intégrés dans les plats de cet ouvrage est longue. Chacun possède des bienfaits magiques dont on aurait tort de se priver. Vous allez ainsi profiter de leurs vertus et saveurs particulières

DU BIO, DU SAIN, POUR UN SUPERBOWL TOUJOUS PLUS HEALTHY

Vous l'aurez compris, qui dit superbowl, dit plat sain et nutritif. Pour bien faire, évitez donc les ingrédients raffinés et manipulés par l'industrie agroalimentaire. Préférez par exemple le sucre complet brun, ou encore le sirop d'érable, et les céréales complètes.

Choisissez autant que possible les ingrédients issus de l'agriculture biologique afin de ne pas consommer les résidus de pesticides, les arômes artificiels et autres additifs néfastes pour la santé. Pour cela, l'offre de produits naturels est de plus en plus étendue et les enseignes commencent à réellement proposer des produits de qualité. Avec des ingrédients bien choisis, vous vous assurez des superbowls aussi nutritifs que possible.

UN SUPERBOWL...
ET QUOI D'AUTRE ?

Que faut-il consommer hormis le superbowl pour garantir une alimentation saine et complète ? Les superbowls constituent à eux seuls un plat équilibré et plein d'énergie. Pour les superbowls sucrés du petit-déjeuner, ajoutez simplement une boisson chaude pour une bonne hydratation (thé vert, tisane de plantes ou de fruits) et le tour est joué ! Pour les superbowls salés du midi ou du soir, agrémentez-les aussi d'une boisson sans sucre (eau plate ou gazeuse, jus de fruits ou de légumes réalisés avec un extracteur) et terminez par un fruit frais ou un laitage pour les fibres et les vitamines.

Faites-vous plaisir, régalez-vous et surtout, bon appétit !

PAGE 24

PAGE 22

PAGE 30

PAGE 38

PAGE 32

LES SMOOTHIEBOWLS DU PETIT DÉJEUNER

SMOOTHIEBOWL
FRUITS DU VERGER

PRÉPARATION **10 MIN**
CUISSON **20 MIN**

BIENFAITS **NUTRITIONNELS**

CANNELLE
Cette épice est essentielle pour réguler la glycémie et éviter les fringales.

FROMAGE BLANC
Il est riche en protéines et en calcium.

POMME
C'est le fruit qui contient de la pectine, cette fibre douce qui cale durablement.

POIRE
Bourrée d'antioxydants et de fibres alimentaires, elle favorise le transit intestinal et lutte contre les maladies cardio-vasculaires.

POUR VARIER LES PLAISIRS

L'ÉTÉ, PRÉPAREZ CE SUPERBOWL AVEC DES FRUITS DE SAISON : ABRICOTS, PÊCHES, NECTARINES...

POUR **1 SMOOTHIEBOWL**

• Préparation de la compote. Plongez les dés de pomme et de poire dans une petite casserole contenant très peu d'eau. Ajoutez la moitié du sirop d'érable, la pâte de noisettes et la cannelle. Faites cuire à couvert et à feu très doux, tout en mélangeant de temps en temps, jusqu'à l'obtention d'une compote. Laissez tiédir.

• Dans une poêle, versez le muesli, le reste du sirop d'érable et le gingembre. Faites torréfier quelques minutes en mélangeant régulièrement.

• Versez la préparation dans un bol et ajoutez la compote et le fromage blanc.

• Décorez le dessus avec le bâton de cannelle et les noisettes concassées.

SMOOTHIEBOWL CHOCO-GRENADE

PRÉPARATION **10 MIN**
CUISSON **10 MIN**

BIENFAITS **NUTRITIONNELS**

GRENADE ET PISTACHES
C'est une bombe d'antioxydants et de vitamine C !

CACAO AMER
Issu de la fève de cacao, il est très nutritif, délicieux et riche en magnésium !

LAIT
Il permet de faire le plein de calcium et de protéines : on peut d'ailleurs le remplacer par un lait végétal.

POUR **1 SMOOTHIEBOWL**

• Dans une casserole, faites chauffer le lait et la Floraline®. Faites cuire environ 10 min jusqu'à ce que le mélange soit épais.
• Incorporez le cacao, le sucre, la pâte de pistaches, les 3/4 des graines de grenade et mélangez.

• Versez le tout dans un bol, parsemez le dessus de pistaches, du reste de graines de grenade et de chocolat haché, puis servez tiède ou froid, à votre convenance.

SMOOTHIEBOWL
PINK POWER

PRÉPARATION **10 MIN**

BIENFAITS **NUTRITIONNELS**

SIROP D'AGAVE ET BANANE
Voilà deux aliments qui permettent d'éviter les fringales.

FRUITS ROUGES
Nombreux et variés, ils apportent plein de précieux antioxydants. Leur mélange les rend riches en vitamines.

POUR **1 SUPERBOWL**

- Mixez dans un blender le lait avec la banane coupée en morceaux, les fruits rouges et le sirop d'agave jusqu'à l'obtention d'un smoothie lisse. Versez la préparation dans un petit bol.
- Parsemez le dessus du reste de fruits rouges, de noix de coco et de graines de sésame grillées.

SMOOTHIEBOWL
RETOUR DES BOIS

PRÉPARATION **10 MIN**

BIENFAITS **NUTRITIONNELS**

MÛRES
Ces délicieuses baies sont à la fois riches en vitamine C et en antioxydants.

GRAINES DE TOURNESOL ET AMANDES
Elles sont non seulement pleines de protéines mais apportent également de bons acides gras.

POUR **1 SMOOTHIEBOWL**

- Dans un bol, mélangez le fromage blanc et la confiture de mûres.
- Décorez le dessus avec les mûres, le quinoa préalablement cuit, les amandes effilées et les graines de tournesol.
- Déposez les feuilles de menthe sur la préparation et servez.

POUR VARIER LES PLAISIRS

VOUS POUVEZ REMPLACER LA CONFITURE PAR DU MIEL OU DU SIROP D'AGAVE, OU EN AJOUTER UN PEU SUR LE DESSUS POUR UN SUPERBOWL ENCORE PLUS GOURMAND !

SMOOTHIEBOWL SPIRALE DE SUPERFRUITS

PRÉPARATION **5 MIN**

BIENFAITS **NUTRITIONNELS**

BAIES DE GOJI
Elles sont très riches en antioxydants, acides aminés, oligo-éléments et pleines de minéraux. Les oléagineux sont riches en protéines végétales et en acides gras de bonne qualité.

POUR **1 SMOOTHIEBOWL**

- Dans un saladier, mélangez le yaourt, le sirop d'agave et les myrtilles. Versez la préparation dans un bol.
- Décorez avec les autres ingrédients en les disposant en spirale sur le dessus.

SMOOTHIEBOWL DOUCEUR D'AVOCAT ET DE KIWI

PRÉPARATION **10 MIN**

BIENFAITS **NUTRITIONNELS**

KIWI
Très riche en vitamine C, il est aussi bourré de fibres. Ce fruit contient en outre du carotène et d'autres antioxydants comme les polyphénols.

AVOCAT
Il vous permet de faire le plein d'acides gras insaturés bénéfiques pour la santé cardio-vasculaire. C'est aussi une excellente source de vitamine E, essentielle pour lutter contre le vieillissement cellulaire.

FRAMBOISE
Peu calorique mais riche en vitamines, ce fruit renforce l'organisme et convient bien aux diabétiques.

POUR 1 SMOOTHIEBOWL

• Dans un blender, mixez 1½ kiwi avec la chair de l'avocat et le jus de citron. Versez la purée dans un bol.
• Sur la préparation, ajoutez le 1/2 kiwi restant coupé en rondelles, les framboises, les noisettes concassées, la menthe, les graines de sésame blanc préalablement grillées, les graines germées et la spiruline. Servez frais.

SMOOTHIEBOWL TRÈS CHOCOLAT

PRÉPARATION **10 MIN**
CUISSON **20 MIN**

BIENFAITS **NUTRITIONNELS**

QUINOA
Riche en protéines végétales, le quinoa ne contient pas de gluten. Idéal si vous êtes intolérant !

CHOCOLAT NOIR
Il apporte le magnésium, les oléagineux et les bonnes matières grasses.

SUCRE COMPLET
Il est encore riche de ses fibres et minéraux.

POUR **1 SMOOTHIEBOWL**

- Dans une casserole, faites chauffer le lait et versez-y le quinoa. Faites cuire environ 20 min.
- Incorporez les morceaux de chocolat noir et le sucre. Mélangez jusqu'à ce que le chocolat soit fondu.
- Versez le tout dans un petit bol, parsemez le dessus du reste des ingrédients, puis servez tiède ou froid.

SMOOTHIEBOWL
FAÇON PORRIDGE

PRÉPARATION **5 MIN**
CUISSON **5 MIN**

BIENFAITS **NUTRITIONNELS**

MYRTILLES
Ces petites baies sont bourrées d'antioxydants.
NOIX ET AMANDES
Voilà deux fruits à coques riches en protéines végétales, magnésium et omégas 3.

POUR **1 SMOOTHIEBOWL**

- Faites frémir le lait dans une casserole. Versez les flocons d'avoine et laissez gonfler quelques minutes la préparation hors du feu, dans un bol. Ajoutez la moitié du miel, mélangez et laissez refroidir.
- Parsemez la préparation de myrtilles, de noix et d'amandes effilées et du carré de chocolat concassé. Nappez le tout avec le reste du miel.

MON CONSEIL

VOUS POUVEZ DÉGUSTER CE DÉLICIEUX PORRIDGE TIÈDE OU FAIRE GONFLER LES FLOCONS D'AVOINE DANS LE LAIT LA VEILLE ET LE GARDER AU RÉFRIGÉRATEUR JUSQU'AU LENDEMAIN MATIN.

SMOOTHIEBOWL
BANANA-CHOCO

PRÉPARATION **10 MIN**
CUISSON **5 MIN**

BIENFAITS **NUTRITIONNELS**

BANANE
Pleine de potassium, de fibres et d'énergie, c'est le fruit qui donne un coup de boost !
FLOCONS D'AVOINE
Ils sont riches en fibres et parfaits pour la satiété.

POUR **1 SMOOTHIEBOWL**

• Faites frémir le lait dans une casserole. Versez les flocons d'avoine et laissez gonfler quelques minutes la préparation hors du feu, dans un bol. Incorporez la moitié du sirop d'agave et le cacao en poudre.
• Épluchez la banane et coupez-la en fines rondelles. Ajoutez-les sur la préparation, parsemez le tout de noisettes, d'amandes hachées et de gingembre et nappez avec ce qu'il reste de sirop d'agave. Servez.

ENCORE + GOURMAND

AJOUTEZ 1 OU 2 CARRÉS DE CHOCOLAT NOIR CONCASSÉS AVANT DE SERVIR.

SMOOTHIEBOWL
RED SMOOTHIE

PRÉPARATION **10 MIN**

BIENFAITS **NUTRITIONNELS**

FRUITS ROUGES
Ils apportent une petite touche acidulée idéale pour réveiller les papilles. Peu caloriques, ces fruits sont pleins de fibres et particulièrement riches en vitamine C et en minéraux.

POUR **1 SUPERBOWL**

• Mixez dans un blender le lait avec la banane coupée en morceaux, les fruits rouges et le miel jusqu'à l'obtention d'un smoothie lisse.
• Déposez le muesli dans le fond d'un petit bol. Versez le smoothie par-dessus. Décorez avec le reste de muesli et de fruits rouges. Déposez les amandes sur le dessus et servez sans attendre.

SMOOTHIEBOWL
CHIA PUDDING

PRÉPARATION **5 MIN**
REPOS **1 NUIT**

BIENFAITS **NUTRITIONNELS**

GRAINES DE CHIA
Prononcez « kia » ! Ces graines sont pleines de fibres, d'omégas 3 et 6 et d'antioxydants. Un vrai trésor de bienfaits !

POUR **1 SMOOTHIEBOWL**

- Versez le lait, les graines de chia, la vanille et le sirop d'érable dans un petit bol. Mélangez 3 fois toutes les 10 min.
- Filmez le bol et réservez au réfrigérateur jusqu'au lendemain.
- Coupez la figue en quatre et déposez les morceaux sur la préparation. Servez frais.

SUPERBOWL ENGLISH BREAKFAST

PRÉPARATION **10 MIN**
CUISSON **12 MIN**

BIENFAITS **NUTRITIONNELS**

GRAINES DE LIN
Véritable plus de ce bol gourmand, elles contiennent notamment des omégas 3 et des acides gras essentiels dont on manque souvent. Et ce petit côté croquant, on adore !

C'EST ENCORE MIEUX...
Si on choisit des œufs et du jambon labellisés « Bleu, blanc, cœur », un label qui garantit que les animaux ont été nourris avec une alimentation riche en lin. Les aliments sont donc eux aussi naturellement riches en omégas 3 !

POUR VARIER LES PLAISIRS

REMPLACEZ LES PETITS POIS PAR UN DEUXIÈME ŒUF.

POUR **2 SUPERBOWLS**

• Préchauffez le four à 200 °C (therm. 6-7).
• Plongez les petits pois dans une casserole d'eau bouillante salée durant 5 min. Égouttez-les et réservez.
• Tartinez chaque tranche de pain de mie avec la margarine. Recouvrez-les d'un peu de jambon blanc puis tapissez-en le fond et les parois de 2 bols allant au four (recoupez en fonction), en mettant la face beurrée avec le jambon vers l'intérieur. Gardez-en deux pour la fin.
• Déposez les petits pois dans le fond du bol puis cassez un œuf dans chacun d'entre eux. Ajoutez la crème, salez et poivrez. Refermez les bols avec une tranche de pain de mie et parsemez le dessus de gruyère râpé et de graines de lin. Enfournez de 10 à 12 min environ selon la cuisson désirée de l'œuf.

PAGE 44

PAGE 42

PAGE 50

PAGE 52

PAGE 54

LES SMOOTHIEBOWLS POUR LA PAUSE GOURMANDE

SMOOTHIEBOWL COMPLÈTEMENT COCO

PRÉPARATION **10 MIN**

BIENFAITS **NUTRITIONNELS**

NOIX DE COCO
Elle est riche en lipides mais, elle n'en demeure pas moins intéressante d'un point de vue nutritionnel, car ils aident à protéger des maladies cardio-vasculaires. Elle contient aussi une quantité importante de fer et de nombreuses fibres.

POUR **1 SMOOTHIEBOWL**

- Mixez dans un blender le lait de coco avec la banane coupée en morceaux, la noix de coco râpée et le miel jusqu'à l'obtention d'un smoothie lisse.
- Versez le smoothie dans un petit bol. Ajoutez les lamelles de noix de coco et les graines de sésame noir sur le dessus. Servez sans attendre.

LA BONNE ASTUCE DÉCO

VOUS POUVEZ SERVIR CE SMOOTHIE DANS UNE DEMI-COQUE DE COCO À LA PLACE DU BOL.

SMOOTHIEBOWL
LAIT FRAISE

PRÉPARATION **5 MIN**

BIENFAITS **NUTRITIONNELS**

FRAISES
Ces petits fruits sont pleins de bienfaits : pauvres en sucre, elles sont aussi riches en antioxydants et en vitamine C. Elles sont disponibles dès le mois d'avril en primeur, puis de mai à septembre selon les variétés. Hors saison, vous pouvez les consommer surgelées.

POUR **1 SMOOTHIEBOWL**

- Mixez dans un blender la banane en morceaux avec le yaourt, le miel ou le sirop d'érable, le lait d'amande et 5 fraises.
- Versez la préparation dans un petit bol et parsemez le dessus de flocons de quinoa et d'amandes.
- Ajoutez les fraises restantes coupées en lamelles et servez.

POUR VARIER LES PLAISIRS

UTILISEZ LE LAIT DE VOTRE CHOIX : AMANDE, SOJA, RIZ...

SMOOTHIEBOWL BANANE CACAHUÈTES

PRÉPARATION **5 MIN**

BIENFAITS **NUTRITIONNELS**

CACAHUÈTES
On ne le sait pas toujours, mais elles sont excellentes pour le cœur et le système cardio-vasculaire, à condition de les choisir sans sel. Elles contiennent de bons acides gras et de bonnes protéines.

CHOCOLAT NOIR
Surtout si on le choisit à 70 % de cacao, il est plein de magnésium !

BEURRE DE CACAHUÈTES
Source saine de lipides, il est très apprécié des sportifs !

POUR **1 SUPERBOWL**

• Mixez dans un blender le lait, la banane coupée en morceaux, le beurre de cacahuètes et le sucre complet jusqu'à l'obtention d'un smoothie lisse.

• Versez la préparation dans un petit bol puis parsemez de cacahuètes concassées et de pépites de chocolat. Vous pouvez également ajouter des dés de banane.

SMOOTHIEBOWL
POLLEN STYLE

PRÉPARATION **10 MIN**

BIENFAITS **NUTRITIONNELS**

POLLEN
Ce sont les bienfaits de la ruche directement dans votre superbowl ! Booster de défenses immunitaires, il aide à lutter contre la fatigue. C'est également un excellent stimulant intellectuel.

POUR **1 SUPERBOWL**

- Mixez dans un blender l'abricot, le jus d'abricot, la banane coupée en morceaux et la pêche épluchée jusqu'à l'obtention d'un smoothie lisse. Versez la préparation dans un petit bol.
- Ajoutez sur le dessus le pollen, la banane sèche et l'abricot sec hachés et les noisettes. Servez sans attendre.

SMOOTHIEBOWL
TOTALLY GREEN

PRÉPARATION **10 MIN**

BIENFAITS **NUTRITIONNELS**

ÉPINARDS
Riches en chlorophylle, ils sont parfaits pour nettoyer les fluides corporels (sang, lymphe).

ANANAS
Il contient des enzymes précieux qui facilitent la digestion et favorisent ainsi le processus de détoxification du corps.

POUR **1 SMOOTHIEBOWL**

- Mixez dans un blender l'eau de coco, les épinards frais, le kiwi, la banane et l'ananas coupés en morceaux jusqu'à l'obtention d'un smoothie lisse. Versez-le dans un bol.
- Ajoutez les lamelles de mangue et parsemez de granola et de graines de chia. Dégustez.

SUGGESTION

VOILÀ UN VRAI BOWL DÉTOX !

SMOOTHIEBOWL
FIN D'ÉTÉ

PRÉPARATION **10 MIN**

BIENFAITS **NUTRITIONNELS**

PÊCHE ET ABRICOT
Ces fruits sont riches en vitamines, notamment en vitamine A, excellente pour la peau car elle la protège des rayons UV et des agressions extérieures et facilite le bronzage. Même en étant riches en vitamine C et en fibres, ils ne sont pas trop sucrés. Profitez-en !

POUR **1 SUPERBOWL**

- Mixez dans un blender le jus d'orange avec la banane, la pêche et l'abricot coupés en morceaux jusqu'à l'obtention d'un smoothie lisse. Versez-le dans un petit bol.
- Ajoutez les myrtilles, les mûres, les cerneaux de noix et les graines de sésame sur le dessus. Servez sans attendre.

SMOOTHIEBOWL MULTIFRUITS

PRÉPARATION **10 MIN**

BIENFAITS **NUTRITIONNELS**

SUPERFRUITS
Très nombreux ici, c'est la garantie d'un plat hyper riche en vitamines.

MULBERRIE
Cette jolie petite mûre blanche riche en fer, en vitamine C et en resvératrol, est un antioxydant puissant.

POUR **1 SMOOTHIEBOWL**

- Mixez dans un blender la banane coupée en morceaux, le yaourt, le lait de soja et les framboises.
- Versez dans un petit bol et parsemez de mulberries, de morceaux de kiwis, de noix de coco et de baies de goji.

SMOOTHIEBOWL MATCHA COLADA

PRÉPARATION **5 MIN**

BIENFAITS **NUTRITIONNELS**

THÉ MATCHA
Ce thé vert en poudre d'origine japonaise est riche en chlorophylle, un puissant détoxifiant qui aide à drainer les toxines. Il est également riche en antioxydants qui aident notamment à garder une peau plus belle, plus longtemps.

POUR **1 SMOOTHIEBOWL**

- Mixez dans un blender la banane coupée en morceaux, le lait de coco et le thé matcha en poudre.
- Versez dans un petit bol et parsemez de chocolat blanc concassé, de lamelles de noix de coco et de morceaux de barre de céréales.

PAGE 62

PAGE 78

PAGE 68

PAGE 6

PAGE 70

LES SUPERBOWLS VÉGÉ-TARIENS

SUPERBOWL QUINOA

PRÉPARATION **20 MIN**
CUISSON **40 MIN**

- 150 g de quinoa
- 2 branches de coriandre ciselée
- 350 g de potiron
- 4 c. à soupe de cranberries séchées
- 4 c. à soupe de graines de courge
- 1 gousse d'ail
- 1 oignon rouge
- 1 c. à café de moutarde

+

- 2 c. à soupe d'huile d'olive
- 1 c. à soupe de vinaigre balsamique
- 1 c. à soupe de miel

BIENFAITS **NUTRITIONNELS**

GRAINES DE COURGE
Elles vous apportent du fer, du zinc, du magnésium et des acides gras essentiels.

OIGNON ROUGE ET AIL
Leur richesse en sélénium vous permet de faire le plein d'antioxydants !

POTIRON
Son apport se situe dans sa richesse en bêta-carotène et en fibres.

POUR **2 SUPERBOWLS**

• Faites cuire le quinoa dans une casserole d'eau bouillante salée, selon le temps de cuisson indiqué sur le paquet (de 12 à 15 min). Égouttez et laissez refroidir.

• Préparation de la sauce. Dans un petit récipient, mélangez le miel, la moutarde et le vinaigre balsamique.

• Faites chauffer l'huile d'olive dans une poêle et faites revenir l'oignon haché quelques minutes. Ajoutez le potiron coupé en petits cubes et l'ail haché. Laissez cuire à feu moyen et à couvert jusqu'à ce que le potiron soit tendre. Ajoutez le quinoa, les cranberries et la sauce. Salez et poivrez. Mélangez et laissez cuire encore 2 min.

• Dans une poêle à sec, faites torréfier les graines de courge pendant 15 min.

• Versez la préparation dans des bols. Parsemez le dessus de graines de courge et de coriandre.

SUPERBOWL MÉDITERRANÉEN

PRÉPARATION **20 MIN**
CUISSON **1 H 20 MIN**

+ 1 gousse d'ail
+ 1 filet d'huile d'olive
+ basilic ciselé

BIENFAITS **NUTRITIONNELS**

LENTILLES ET RIZ
Leur association assure une bonne absorption des protéines végétales. C'est facile de remplacer la viande tout en se régalant !

POUR **2 SUPERBOWLS**

• Déposez les poivrons et l'aubergine dans un plat allant au four et faites cuire pendant 45 min à 200 °C (therm. 6-7).
• Dans un petit récipient, épluchez l'aubergine, écrasez la chair et mélangez-la avec l'ail haché et le gomasio. Salez et poivrez. Dans un récipient à part, épluchez et épépinez les poivrons et coupez-les en lamelles. Salez, poivrez et parsemez de cumin.

• Faites cuire le riz 10 min dans de l'eau bouillante salée. De même, faites cuire les lentilles pendant 25 min. Égouttez-les. Salez et poivrez.
• Disposez le caviar d'aubergine dans le fond des deux bols. Ajoutez des couches de riz, de lentilles, la feta émiettée et les lamelles de poivron par-dessus. Agrémentez de basilic ciselé, de graines de chia et arrosez d'huile d'olive. Servez sans attendre.

SUPERBOWL SAVEURS D'AUTOMNE

PRÉPARATION **20 MIN**
CUISSON **45 MIN**

2 c. à soupe de sirop d'érable
2 c. à soupe d'huile de courge

BIENFAITS **NUTRITIONNELS**

MILLET
Céréale ancestrale en Asie et en Afrique, le millet est garanti sans gluten. Il est aussi riche en vitamines du groupe B et en minéraux : manganèse, zinc, magnésium, phosphore, fer...

POUR **2 SUPERBOWLS**

• Préchauffez le four à 200 °C (therm. 6-7). Déposez le potiron coupé en petits cubes et l'oignon haché dans un petit plat allant au four. Nappez le tout de sirop d'érable et d'huile de courge. Salez et poivrez. Mélangez et enfournez 45 min en arrosant souvent les légumes.
• Dans une casserole d'eau bouillante salée, faites cuire le millet selon le temps indiqué sur le paquet. Égouttez.

• Faites chauffer de l'huile dans une poêle et faites revenir quelques minutes les pois chiches avec le millet et les épices. Salez et poivrez.
• Dans deux bols, déposez en couches les pois chiches et le millet, puis le potiron. Parsemez le dessus de chèvre émietté, de coriandre puis de graines de tournesol.

SUPERBOWL POIS CHICHES POWER

PRÉPARATION **15 MIN**
CUISSON **10 MIN**

BIENFAITS **NUTRITIONNELS**

POIS CHICHES
Avec les falafels en plus, ils fournissent de nombreuses protéines végétales. Accompagné d'un peu de pain grillé pour l'apport en acides aminés essentiels, ce superbowl est parfait !

\+
- jus de 1/2 petit citron + 3 tranches
- 3 c. à soupe d'huile d'olive
- 1 c. à soupe de vinaigre balsamique
- quelques graines de sésame blanc

POUR **2 SUPERBOWLS**

• Faites dorer les falafels dans une poêle sans ajout de matière grasse.
• Coupez l'avocat en deux, ôtez le noyau et écrasez la chair avec le jus de citron, du sel et du poivre.
• Dans des bols, déposez la roquette. Ajoutez les pois chiches cuits, rincés et égouttés et les radis coupés en lamelles. Ajoutez l'huile d'olive fouettée avec le vinaigre.
• Ajoutez les falafels dans les bols, la feta, les tranches de citron et l'avocat écrasé. Parsemez le dessus de graines de sésame.

SUPERBOWL DU BOUDDHA

PRÉPARATION **20 MIN**
CUISSON **15 MIN**

130 g de riz complet

1 avocat

2 c. à soupe de houmous

un peu de coriandre ciselée

1 courgette

4 c. à soupe de pois chiches cuits

1 carotte râpée

2 oignons nouveaux émincés

2 c. à soupe de graines de tournesol

\+
- 1 c. à soupe d'huile d'olive
- 3 c. à soupe d'huile de sésame
- 2 c. à soupe de sauce soja
- 1 c. à soupe de jus de citron
- gingembre frais râpé

BIENFAITS **NUTRITIONNELS**

Voilà un bol végétarien très complet. Il est à la fois riche en protéines d'origine végétale, en vitamines, en fibres et en minéraux. Vous pouvez changer les légumes et les légumineuses à volonté pour varier les plaisirs et les bienfaits !

POUR **2 SUPERBOWLS**

- Préparation de la vinaigrette. Dans un petit récipient, fouettez l'huile de sésame, le jus de citron, la sauce soja et le gingembre râpé. Salez et poivrez.
- Faites cuire le riz complet dans de l'eau bouillante salée environ 10 min. Égouttez et réservez.
- Faites revenir la courgette coupée en dés pendant 5 min dans une poêle huilée.
- Épluchez l'avocat et coupez-le en lamelles.
- Versez tous les ingrédients dans les deux bols. Ajoutez par-dessus le houmous, puis parsemez de graines de tournesol et de coriandre. Nappez le dessus de vinaigrette et servez.

SUPERBOWL ORIENTAL

PRÉPARATION **15 MIN**
CUISSON **50 MIN**

- 1 gousse d'ail
- 1/2 c. à café de curry en poudre
- 1 petite tomate
- 300 g de carottes
- 2 c. à soupe de poivron vert ou de piment vert haché
- 200 g de pois chiches
- 2 c. à soupe de raisins secs
- 1 oignon

\+

- 2 c. à soupe de croûtons grillés
- coriandre ciselée
- 1/2 l de bouillon de légumes
- 2 c. à soupe d'huile d'olive

BIENFAITS **NUTRITIONNELS**

POIS CHICHES
Ils méritent une place de choix dans votre alimentation. Ces légumineuses contiennent des glucides complexes, des protéines, peu de lipides, des fibres et de nombreuses vitamines, notamment la vitamine A, B6, C, E et K mais aussi du magnésium et du fer.

POUR **2 SUPERBOWLS**

• Faites tremper les raisins secs dans un bol d'eau chaude pendant quelques minutes. Rincez les pois chiches sous l'eau froide et égouttez-les.
• Faites revenir les carottes coupées en rondelles, la tomate, l'oignon haché et l'ail dans une cocotte avec l'huile d'olive tout en mélangeant pendant 5 min. Ajoutez le curry, le bouillon et les pois chiches (gardez-en 2 cuillerées à soupe pour le *topping*). Portez à ébullition et laissez cuire environ 45 min à couvert.
• Salez et poivrez. Mixez la préparation dans un blender, plus ou moins finement selon votre goût. Versez la soupe dans des bols et parsemez de raisins secs égouttés, des pois chiches restants, de croutons, de poivron ou de piment vert et de coriandre ciselée.

SUPERBOWL TRICOLORE

PRÉPARATION **15 MIN**
CUISSON **40 MIN**

- 2 poignées de roquette
- 100 g de lentilles brunes
- 50 g de pousses d'épinard
- 1/2 gousse d'ail
- 1/2 avocat
- 100 g de chèvre
- 150 g de betterave cuite

+
- 2 c. à soupe d'huile d'olive
- 1 filet de miel liquide
- 1 c. à soupe de jus de citron
- 1/2 c. à café de moutarde

BIENFAITS **NUTRITIONNELS**

AVOCAT
Véritable mine d'or, il mérite de retrouver une place de choix dans nos assiettes. Riche en fibres et en lipides de bonne qualité, il n'a pas son pareil pour caler durablement.

POUR **2 SUPERBOWLS**

• Versez les lentilles dans une casserole remplie d'eau froide, couvrez et laissez cuire environ 40 min, selon le temps de cuisson indiqué sur le paquet. Égouttez à l'eau froide.
• Coupez la betterave en dés. Dans un saladier, mélangez les lentilles avec la betterave et les pousses d'épinard.
• Préparation de l'assaisonnement. Dans un récipient à part, fouettez l'huile d'olive avec la moutarde, le miel et le jus de citron. Ajoutez l'ail haché, du sel, du poivre et mélangez.
• Versez l'assaisonnement dans le saladier. Mélangez.
• Répartissez la roquette dans des bols puis ajoutez le contenu du saladier par-dessus. Parsemez le tout de chèvre émietté et de morceaux d'avocat. Servez sans attendre.

SUPERBOWL LÉGUMES RACINES

PRÉPARATION **10 MIN**
CUISSON **35 MIN**

60 g de bûche de chèvre

un peu de persil ciselé

1 oignon

150 g de riz complet

350 g de carottes, racines de persil et salsifis

3 c. à soupe de noix de pécan

+ 20 g de beurre
1 c. à soupe d'huile d'olive

BIENFAITS **NUTRITIONNELS**

RIZ COMPLET
Préférez-le au riz blanc ! Il est en effet non raffiné, c'est-à-dire qu'il possède encore ses précieux nutriments, et notamment des vitamines du groupe B, du magnésium, du phosphore, du potassium ainsi qu'une bonne quantité de fibres alimentaires.

POUR **2 SUPERBOWLS**

• Faites cuire les rondelles de carotte, les racines de persil et le salsifis de 10 à 15 min environ dans une casserole d'eau bouillante salée. Égouttez. Faites fondre l'oignon haché dans une poêle avec le beurre pendant 5 min. Ajoutez-y les racines puis faites revenir encore quelques minutes. Salez et poivrez.

• Pendant ce temps, faites cuire le riz complet pendant 15 min environ dans une casserole d'eau bouillante salée. Égouttez.

• Faites chauffer l'huile d'olive dans une poêle et faites-y revenir quelques minutes le riz. Salez et poivrez. Ajoutez le persil ciselé.

• Dans des bols, versez les racines poêlées et le riz au persil. Parsemez le dessus de chèvre émietté et de noix de pécan puis servez.

SUPERBOWL BELUGA-GA

PRÉPARATION **15 MIN**
CUISSON **55 MIN**

BIENFAITS **NUTRITIONNELS**

AVOCAT, NOIX ET HUILE D'OLIVE
Ces trois-là forment un trio gagnant pour les matières grasses de haute qualité !

POUSSES D'ALFAFA
Riches de nombreuses vitamines, vous pouvez également les remplacer par d'autres graines germées.

PATATE DOUCE ET LENTILLES
La patate douce vous fournit du bêta-carotène et les lentilles de précieuses protéines végétales.

POUR **2 SUPERBOWLS**

• Préchauffez le four à 200 °C (therm.6-7).
• Épluchez et découpez les patates douces en petits dés. Déposez-les dans un petit plat allant au four et arrosez-les d'un filet d'huile d'olive. Parsemez de paprika, salez, poivrez, mélangez et faites rôtir au four 30 min en arrosant d'eau 2 ou 3 fois.

• Faites cuire les lentilles pendant 25 min dans de l'eau bouillante salée. Égouttez, salez, poivrez et ajoutez un peu d'huile d'olive.
• Coupez l'avocat en lamelles et citronnez-les.
• Dans des bols, mélangez les patates douces, les lentilles et l'avocat. Parsemez de feta, de pousses d'alfafa et de noix hachées.

SUPERBOWL ENSOLEILLÉ

PRÉPARATION **10 MIN**
CUISSON **15 MIN**

\+
- 1 gousse d'ail
- 1 filet de jus de citron
- 2 filets d'huile d'olive

BIENFAITS **NUTRITIONNELS**

ORECCHIETTES ET HARICOTS ROUGES
L'association des céréales et des légumineuses permet de bénéficier de protéines végétales complètes. Voilà une bonne idée pour réduire sa consommation de viande au quotidien, tout en gardant l'équilibre.

POUR **2 SUPERBOWLS**

• Dans une casserole d'eau bouillante salée, faites cuire les orecchiettes (ou autres pâtes). Égouttez et laissez refroidir.
• Pendant ce temps, faites chauffer un filet d'huile d'olive dans une poêle et faites-y revenir la courgette coupée en cubes et l'ail haché. Salez et poivrez.
• Dans un petit récipient, mélangez les tomates coupées en cubes avec le basilic ciselé.
• Dans un récipient à part, mélangez les haricots rouges, le persil ciselé et le jus de citron.
• Dans des bols, alternez les couches d'orecchiettes, les haricots rouges, les dés de tomates et de courgettes. Salez et poivrez, arrosez d'un filet d'huile d'olive puis râpez le parmesan sur le dessus avant de servir.

PAGE 82

PAGE 88

PAGE 84

PAGE 9

PAGE 94

LES SUPERBOWLS LIGHTS

SUPERBOWL SHIRATAKIS DÉTOX

PRÉPARATION **10 MIN**
CUISSON **25 MIN**

BIENFAITS **NUTRITIONNELS**

SHIRATAKIS DE KONJAC
Ils ressemblent à des spaghettis classiques mais leur texture est un peu différente. Leur atout principal : ils ne contiennent presque aucune calorie ! Ils sont aussi très riches en fibres et favorisent une bonne satiété.

PERSIL
Cette plante aromatique est très riche en vitamine C et regorge de propriétés diététiques.

POUR 2 SUPERBOWLS

• Rincez abondamment les shiratakis dans une passoire à l'eau claire. Faites bouillir de l'eau dans une casserole et faites-y cuire les shiratakis 3 min. Égouttez et réservez.

• Faites chauffer une poêle avec l'huile d'olive et faites-y dorer l'oignon et l'ail hachés. Ajoutez les dés de courgette dans la poêle. Faites-les légèrement dorer puis couvrez et laissez cuire environ 10 min. Salez et poivrez.

• Versez les shiratakis dans la poêle et faites revenir quelques minutes à feu vif. Ajoutez le persil, la coriandre et la menthe. Versez la préparation dans des bols, placez les quartiers de citron sur le dessus et servez sans attendre.

SUPERBOWL
KALE EN SALADE

PRÉPARATION **10 MIN**
CUISSON **35 À 40 MIN**

- 2 feuilles de chou kale
- 1 morceau de betterave crue
- 120 g d'orge perlé
- 4 c. à soupe de noisettes
- 3 c. à soupe d'huile d'olive
- 1 radis noir en lamelles
- \+ 1 c. à café de jus de citron

BIENFAITS **NUTRITIONNELS**

KALE
Appartenant à la famille des choux, il est très en vogue et réputé pour ses nombreux bienfaits pour la santé : vitamines A, C, K, E et vitamines du groupe B. Il contient aussi de nombreux minéraux et oligo-éléments : manganèse, cuivre, calcium, fer, phosphore et magnésium.

RADIS NOIR
Voici un excellent dépuratif hépatique.

BETTERAVE
Ce tubercule possède de nombreux bienfaits. Excellent pour nettoyer le sang, la betterave élimine aussi les toxines !

POUR **2 SUPERBOWLS**

• Faites cuire l'orge perlé dans une casserole d'eau bouillante salée, selon le temps de cuisson indiqué sur le paquet (35 à 40 min). Égouttez et laissez refroidir.
• Coupez le chou kale en fines lamelles. Mélangez-les avec l'huile d'olive et le jus de citron. Salez et poivrez puis massez les feuilles avec les mains pour les rendre plus tendres. Laissez reposer 10 min. Mélangez avec l'orge refroidi.
• Coupez les morceaux de radis noir et de betterave crue épluchée en fines lamelles à l'aide d'une mandoline.
• Déposez le kale à l'orge dans des bols. Ajoutez les lamelles de radis noir et de betterave sur le dessus en les alternant. Parsemez la préparation de noisettes hachées et grillées et d'huile d'olive. Servez.

SUPERBOWL AUX AGRUMES

PRÉPARATION **10 MIN**
CUISSON **8 MIN**

8 pointes d'asperges vertes

15 g d'amandes effilées légèrement torréfiées

1/2 pamplemousse

1 orange

2 poignées de pousses d'épinard

2 c. à soupe de graines de courge, tournesol et chia

+ 3 c. à soupe d'huile d'olive
+ 1 pointe de moutarde

BIENFAITS **NUTRITIONNELS**

AGRUMES
En manger vous assure de faire le plein de vitamine C qui a un fort pouvoir anti-infectieux. Elle est idéale pour lutter contre les petits maux de l'hiver.

ASPERGE VERTE
Diurétique naturel, elle favorise l'élimination des toxines, du surplus de sel dans l'organisme et aide les reins à se purifier.

POUR **2 SUPERBOWLS**

• Placez les pointes d'asperges vertes dans de l'eau bouillante salée jusqu'à ce qu'elles soient cuites et à peine croquantes. Égouttez, laissez refroidir et réservez.

• Pelez l'orange et le pamplemousse à vif et prélevez les suprêmes. Gardez le jus pour la vinaigrette.

• Dans un saladier, déposez les pousses d'épinard lavées et essorées et les pointes d'asperges. Ajoutez l'huile d'olive, le jus des agrumes et la moutarde. Salez et poivrez. Mélangez.

• Versez la préparation dans des bols. Ajoutez les suprêmes d'orange et de pamplemousse sur le dessus en les alternant. Parsemez le dessus d'amandes torréfiées et de graines. Servez.

SUPERBOWL TOUT CRU

PRÉPARATION **25 MIN**

1 poignée de noix de cajou

1 poignée de radis roses

1/2 poivron jaune

1 grosse poignée de persil, coriandre et basilic

1 gousse d'ail épluchée et pressée

2 carottes

2 œufs durs

1 grosse courgette

2 oignons

1 c. à soupe de purée d'amande
+ 1 c. à soupe de miso
1 c. à soupe de vinaigre

BIENFAITS **NUTRITIONNELS**

ŒUF
Riches en protéines, ils contiennent également deux antioxydants intéressants : la lutéine et la xéaxanthine qui protègent notamment les yeux du vieillissement.

POUR **2 SUPERBOWLS**

• Coupez la courgette, le poivron épépiné, les carottes, les oignons et les radis en fines tranches à l'aide d'une mandoline. Taillez chaque tranche en bâtonnets de façon à obtenir une julienne régulière.
• Dans un saladier, mélangez la julienne avec le persil, la coriandre et le basilic ciselés.
• Dans un autre récipient, fouettez la purée d'amande avec le miso, le vinaigre, l'ail, une pincée de sel et de poivre et un peu d'eau pour obtenir une sauce onctueuse. Versez dans le saladier et mélangez.
• Disposez la préparation dans des bols. Déposez les œufs durs écalés et coupés en morceaux sur le dessus ainsi que les noix de cajou concassées.

SUPERBOWL
TRÈS FRAIS

PRÉPARATION **15 MIN**
CUISSON **40 MIN**
REPOS **1 H**

+ 2 c. à soupe d'huile d'olive
+ 3 c. à soupe de jus de citron

BIENFAITS **NUTRITIONNELS**

CONCOMBRE
Composé à 95 % d'eau, c'est l'allié minceur idéal ! Ainsi, sa haute teneur en potassium associée à son faible taux de sodium en fait un aliment efficace pour éliminer les toxines et l'excès d'eau dans l'organisme. Rafraîchissant à souhait et peu calorique, il se marie à merveille avec des herbes fraîches pour mettre en valeur sa saveur délicate.

POUR **2 SUPERBOWLS**

• Faites cuire l'épeautre dans une casserole d'eau bouillante salée, selon le temps de cuisson indiqué sur le paquet (40 à 45 min). Égouttez et laissez refroidir.

• Dans un saladier, mélangez le concombre coupé en rondelles, les radis épluchés et coupés en lamelles, l'ail épluché et haché, la menthe et l'aneth ciselés, l'huile d'olive, le jus de citron, du sel et du poivre.

• Versez l'épeautre dans des bols. Ajoutez sur le dessus la préparation de légumes frais puis parsemez le tout de feta allégée. Placez les bols au moins 1 heure au réfrigérateur. Décorez la préparation avec de petites feuilles de menthe fraîche et servez très frais.

SUPERBOWL GRATINÉ

PRÉPARATION **15 MIN**
CUISSON **20 MIN**

+ 10 g de beurre
+ 5 cl de crème légère

BIENFAITS **NUTRITIONNELS**

RICOTTA
Ce fromage léger contient des protéines et peu de matières grasses.

ŒUFS
Ils sont riches en protéines : associés aux courgettes, ils aident à constituer un bol bien équilibré.

HERBES DE PROVENCE
Ces plantes aromatiques possèdent de nombreuses vertus médicinales.

POUR **2 SUPERBOWLS**

- Préchauffez le four à 200 °C (therm. 6-7).
- Coupez la courgette en fines rondelles.
- Dans un saladier, fouettez les œufs, la crème, la ricotta, l'ail écrasé et les herbes de Provence. Salez et poivrez.
- Beurrez deux bols allant au four et répartissez-y les rondelles de courgette. Versez la préparation aux œufs par-dessus.
- Enfournez 20 min environ.

SUPERBOWL DÉTOXIFIANT

PRÉPARATION **15 MIN**

BIENFAITS **NUTRITIONNELS**

RADIS NOIR
Il est excellent pour nettoyer le foie fatigué par les excès de table, la prise de médicaments, la consommation d'alcool. Dans l'idéal, gardez la peau du radis où se concentrent de nombreuses vitamines, à condition que le légume soit biologique.

NOISETTE
Il est conseillé d'en limiter la consommation à une poignée par jour mais c'est un excellent complément alimentaire !

POUR **2 SUPERBOWLS**

• Brossez le radis noir et coupez-le en tranches puis en fins bâtonnets. Lavez la pomme et coupez-la également en fins bâtonnets.
• Déposez les pousses d'épinard lavées et essorées dans des bols. Ajoutez les bâtonnets de pomme et de radis noir par-dessus. Surmontez le tout de chèvre émietté, de quelques graines germées, de noisettes préalablement torréfiées et concassées et d'un peu de zeste d'orange.
• Préparation de la sauce. Mélangez le jus d'orange pressé et l'huile de noisette. Salez et poivrez. Versez la sauce dans les bols, puis servez.

SUPERBOWL FRAÎCHEUR

PRÉPARATION **15 MIN**
CUISSON **5 MIN**

BIENFAITS **NUTRITIONNELS**

LES CREVETTES ROSES
Riches en minéraux mais pauvres en matières grasses, elles sont les alliées idéales pour garder la ligne.

\+ 15 g de graines de sésame
1 c. à soupe d'huile de sésame
1 c. à soupe de sauce nuoc-mâm

POUR **2 SUPERBOWLS**

• Taillez en fines lamelles la carotte épluchée et le concombre à l'aide d'une mandoline ou d'un économe. Dans un saladier, mélangez les pousses de soja en conserve rincées et égouttées, la sauce soja, l'huile de sésame, la coriandre ciselée et le vinaigre de riz. Laissez mariner 10 min.

• Dans une poêle tapissée d'huile d'olive, faites revenir 2 min les crevettes décortiquées, le gingembre et le riz. Ajoutez la sauce nuoc-mâm et les graines de sésame et faites revenir encore 2 min.

• Versez les deux préparations superposées dans des bols et servez.

SUPERBOWL
HEALTHY CREAM
D'ÉPINARDS

PRÉPARATION **10 MIN**
CUISSON **10 MIN**

500 g d'épinards

1 c. à café
de graines de chia

½ c. à café de curry en poudre

0,5 l de bouillon
de bœuf

1 c. à soupe
d'huile d'olive

2 c. à soupe de crème légère

+ 4 c. à soupe de boulgour cuit
2 pincées de pousses d'alfafa

BIENFAITS **NUTRITIONNELS**

ÉPINARDS
On en raffole ! Pourquoi ? Parce qu'ils sont faibles en calories, riches en antioxydants (la lutéine et la zéaxanthine qui protègent la vue), en vitamines (A, C, K, B9...) et en fibres. La liste est longue : les épinards ont tout bon !

POUR **2 SUPERBOWLS**

• Faites chauffer le bouillon dans une grande casserole. Versez les épinards (de préférence frais) et faites cuire quelques minutes.
• Mixez les épinards et la crème dans un blender. Salez et poivrez.
• Servez la soupe chaude surmontée de boulgour, de pousses d'alfafa, de graines de chia, de curry, et d'huile d'olive.

SUPERBOWL VERSION BOWL CAKE

PRÉPARATION **5 MIN**
CUISSON **5 MIN**

- 2 œufs
- 6 c. à soupe de lait
- 80 g de flocons d'avoine
- 80 g de jambon blanc découenné, dégraissé et émincé
- 1/2 c. à café de levure chimique

\+ 50 g d'emmental râpé
\+ 2 petits oignons

BIENFAITS **NUTRITIONNELS**

FLOCONS D'AVOINE
Parfaits pour la silhouette, ils aident notamment à faire baisser le cholestérol et, grâce à leurs fibres particulières, ils aident à réguler le taux de glycémie. Un bon moyen de mieux contrôler son appétit... et donc son poids !

POUR **2 SUPERBOWLS**

- Dans un saladier, fouettez les œufs avec le lait. Ajoutez les flocons d'avoine, la levure et mélangez.
- Incorporez le jambon, l'emmental et les oignons épluchés et hachés finement.
- Mélangez et disposez la préparation dans deux bols. Placez à tour de rôle chaque bol dans un four à micro-ondes pendant 4 min.
- Démoulez les bols sur des assiettes et servez.

MON CONSEIL

VOUS POUVEZ METTRE DE FINES TRANCHES DE JAMBON PAR-DESSUS POUR DÉCORER. SERVEZ LES SUPERBOWLS AVEC UNE SALADE DE CRUDITÉS !

PAGE 108

PAGE 122

PAGE 104

PAGE 118

PAGE 112

LES SUPERBOWLS EXO- TIQUES

SUPERBOWL LAKSA

PRÉPARATION **10 MIN**
CUISSON **15 MIN**

150 g de dos de cabillaud

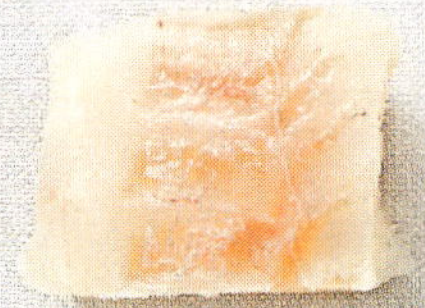

250 g de crevettes crues décortiquées

2 ciboules ciselées

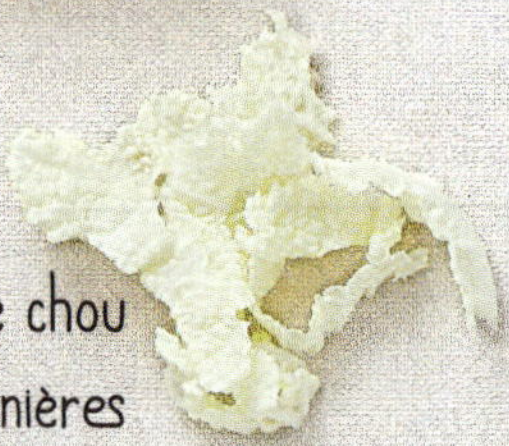

150 g de chou chinois en lanières

100 g de cheveux d'ange

quelques branches de coriandre

25 cl de bouillon de légumes

- 20 cl de crème de coco
- 1 c. à café de pâte laksa
- 2 c. à soupe d'huile de tournesol

BIENFAITS **NUTRITIONNELS**

CHOU
Trop chou ce chou ! Qu'il soit chinois ou autre, c'est un trésor de bienfaits. Antioxydant, il est aussi riche en vitamines C, B, A, E, K, en potassium et en calcium. 200 g de chou couvrent notamment 40 à 50 % des besoins quotidiens en vitamine C. Un crucifère à consommer souvent !

POUR **2 SUPERBOWLS**

• Mettez la pâte laksa dans une casserole. Faites-la chauffer 1 min en mélangeant. Ajoutez les crevettes, le poisson coupé en dés, le bouillon, 25 cl d'eau et la crème de coco. Portez à ébullition, puis laissez cuire à feu moyen jusqu'à ce que les crevettes soient roses.

• Faites chauffer l'huile de tournesol dans une poêle et faites revenir le chou chinois en lanières avec les ciboules épluchées et ciselées jusqu'à ce qu'il soit cuit mais encore croquant. Salez et poivrez.

• Pendant ce temps, faites cuire les cheveux d'ange *al dente* dans l'eau bouillante salée environ 2 min, selon le temps indiqué sur le paquet.

• Dans de grands bols, déposez les cheveux d'ange cuits. Ajoutez le poisson, les crevettes et la coriandre sur le dessus ainsi que le chou chinois.

SUPERBOWL HARICOTS MEXICO !

PRÉPARATION **20 MIN**
CUISSON **1 H 10**

+ 1 c. à soupe d'huile d'olive
+ 50 cl de bouillon de poulet
+ 1/2 c. à café de curcuma en poudre
+ 2 c. à soupe de persil

BIENFAITS **NUTRITIONNELS**

HARICOTS NOIRS
Excellents pour la santé, vous pouvez les remplacer par des haricots rouges si vous n'en trouvez pas. Ils sont pleins de protéines, fibres, potassium, magnésium, folates, vitamines B1 et B3.
LE CURCUMA
Voici un des plus puissants antioxydants.

L'ASTUCE

LE JAMBON ÉTANT ASSEZ SALÉ, IL EST INUTILE DE SALER LE PLAT.

POUR **2 SUPERBOWLS**

• La veille, faites tremper les haricots noirs dans de l'eau. Égouttez-les et rincez-les.
• Faites chauffer l'huile dans une cocotte et faites revenir l'oignon haché quelques minutes. Ajoutez la carotte épluchée et coupée en rondelles, le céleri haché et le piment. Laissez cuire 5 min en mélangeant souvent.
• Ajoutez le jambon préalablement dessalé et coupé en deux morceaux (1 par bol), les tomates coupées en dés, le bouillon, le curcuma, les haricots et 25 cl d'eau. Poivrez. Laissez cuire 1 h à couvert.
• Retirez le jambon de la cocotte.
• Dans des bols, versez le mélange aux haricots en les égouttant plus ou moins selon votre envie. Déposez par-dessus le jambon. Parsemez le tout de persil frais. Servez.

SUPERBOWL
THAÏ

PRÉPARATION **15 MIN**
CUISSON **15 MIN**

- 200 g de filet de bœuf haché
- 1/2 citron vert pressé + 4 tranches
- 1 c. à café de gingembre
- quelques branches de basilic
- 160 g de riz basmati au jasmin
- 2 c. à soupe de cacahuètes hachées
- 1 morceau de citronnelle haché
- lait de coco
- 1 poivron rouge
- 1 gousse d'ail
- 2 oignons nouveaux

+
- 4 c. à soupe de sauce soja
- 3 c. à soupe d'huile de sésame
- 1 c. à soupe de sauce nuoc-mâm

BIENFAITS **NUTRITIONNELS**

GINGEMBRE
Cette racine est intéressante pour la santé. Le gingembre est anti-nauséeux, combat les infections et la fatigue, tout en apportant un parfum inimitable.

POUR **2 SUPERBOWLS**

• Mélangez le poivron et les oignons nouveaux avec le jus de citron vert mélangé à la sauce nuoc-mâm et la moitié de la sauce soja.
• Versez le lait de coco dans une casserole avec le même volume d'eau. Portez à ébullition, ajoutez le riz, 2 cuillerées à soupe d'huile de sésame, la citronnelle, du sel et du poivre. Mélangez, couvrez et laissez cuire 10 min. Coupez le feu et laissez couvert jusqu'à ce que tout le liquide soit absorbé.
• Pendant ce temps, faites chauffer le reste de l'huile de sésame dans un wok, ajoutez l'ail et le gingembre. Faites cuire 30 sec et ajoutez le bœuf haché, du sel et du poivre. Faites revenir 5 min puis ajoutez le reste de sauce soja. Faites revenir encore 5 min, ajoutez le basilic hors du feu et mélangez.
• Dans des bols, répartissez le riz puis le bœuf. Parsemez du mélange de légumes, de cacahuètes et servez avec les tranches de citron vert.

SUPERBOWL
SAUTÉ ASIATIQUE AU SÉSAME GRILLÉ

PRÉPARATION **15 MIN**
CUISSON **12 MIN**

200 g de magret de canard dégraissé

2 gousses d'ail

200 g d'épinards

100 g de pousses de pois chiches germés

2 c. à soupe de graines de sésame

100 g de pousses de soja

\+ 1 c. à soupe d'huile de sésame
2 c. à soupe d'huile d'arachide
2 c. à soupe de sauce soja sucrée

BIENFAITS **NUTRITIONNELS**

POIS CHICHES
Les pousses de pois chiches, achetées dans le commerce ou préparées vous-même en les faisant germer à la maison, sont une bonne façon de profiter de leurs bienfaits.

POUR **2 SUPERBOWLS**

• Faites chauffer l'huile de sésame dans un wok. Faites revenir le canard coupé en lamelles et l'ail 3 min et réservez.
• Ajoutez les épinards et faites-les réduire. Réservez.
• Mettez les pousses de pois chiches et de soja dans le wok avec l'huile d'arachide et faites revenir 3 min. Arrosez de sauce soja sucrée, mélangez et faites revenir encore 1 min. Salez et poivrez.
• Dans des bols, disposez les épinards, les germes de pois chiches et de soja puis le canard. Parsemez de graines de sésame grillées et servez.

SUPERBOWL FAÇON CHIRACHI

PRÉPARATION **15 MIN**
CUISSON **18 MIN**

200 g de saumon cru

2 c. à soupe de vinaigre de riz (ou d'alcool à défaut)

4 radis

120 g de riz à sushis

20 g de graines de sésame noir

2 poignées de pousses de soja

1/2 c. à soupe de sucre en poudre
un peu de sauce soja
un peu de wasabi

BIENFAITS **NUTRITIONNELS**

SAUMON
Ce poisson étant plein d'omégas 3, c'est une bonne raison pour en consommer plus souvent !

MON CONSEIL

CHOISISSEZ DU SAUMON D'ÉLEVAGE BIOLOGIQUE POUR ÉVITER LA PRÉSENCE DE MÉTAUX LOURDS TOXIQUES DANS SA CHAIR.

POUR **2 SUPERBOWLS**

• Rincez le riz plusieurs fois jusqu'à ce que l'eau égouttée soit transparente. Versez-le dans une petite casserole contenant 20 cl d'eau et portez à ébullition. Comptez environ 18 min de cuisson. Laissez reposer 10 min à couvert puis versez le vinaigre préalablement mélangé avec 1 cuillerée à soupe d'eau, du sucre et du sel. Mélangez et laissez refroidir.

• Dans de grands bols, déposez les pousses de soja. Ajoutez quelques gouttes de sauce soja.

• Coupez le saumon en cubes de taille égale. Parsemez de graines de sésame noir la moitié des cubes.

• Dans les bols, ajoutez le riz, les carrés de saumon en alternant ceux parsemés de graines de sésame et ceux qui ne le sont pas, les radis coupés en lamelles et un peu de wasabi.

SUPERBOWL CALIFORNIEN

PRÉPARATION **20 MIN**
CUISSON **30 MIN**

BIENFAITS **NUTRITIONNELS**

ROQUEFORT
On ne le sait pas toujours mais ce fromage est un allié nutritionnel. Pourquoi ? Parce qu'il contient des protéines, du calcium et une quantité intéressante de vitamine B12 dont les végétariens manquent souvent. Attention toutefois de ne pas en abuser, car il est riche en sel et en matières grasses.

POUR **2 SUPERBOWLS**

• Faites revenir le poulet pendant 10 min dans une poêle huilée. Dans une autre poêle huilée, faites revenir le poivron coupé en morceaux, la courgette coupée en dés et l'ail haché jusqu'à ce qu'ils soient tendres et grillés. Salez et poivrez les deux préparations.
• Pendant ce temps, faites cuire le riz dans une casserole d'eau bouillante salée, selon le temps de cuisson indiqué sur le paquet (de 10 à 12 min). Égouttez et réservez.
• Écrasez l'avocat à l'aide d'une fourchette. Mélangez-le avec le jus de citron, le persil ciselé, du sel et du poivre. Réservez.
• Dans des bols, déposez le riz puis ajoutez le poulet, les légumes à la poêle, les tomates cerises coupées en deux, la purée d'avocat, les noix et le roquefort émietté. Servez.

SUPERBOWL SOBA

PRÉPARATION **10 MIN**
CUISSON **15 MIN**

+ 1 citron vert pressé + 2 quartiers
Huile d'olive

BIENFAITS **NUTRITIONNELS**

NOUILLES DE RIZ ET HARICOTS ROUGES
Cette association offre de bonnes protéines végétales.

TOFU
Composé de soja, il est également très riche en protéines.

GRAINES GERMÉES
Selon celles que vous choisissez (radis, tournesol, alfafa...), vous voilà avec de vraies petites bombes de vitamines !

POUR **2 SUPERBOWLS**

- Dans une poêle huilée, faites réduire de volume le chou chinois émincé.
- Dans des bols, déposez le chou, les nouilles de riz noir cuites, le tofu, les haricots rouges et les quartiers de citron vert. Parsemez la préparation de graines germées et de cacahuètes grillées.
- Arrosez d'un généreux filet d'huile d'olive et de jus de citron vert. Salez et poivrez. Parsemez le tout de menthe ciselée.

POUR VARIER LES PLAISIRS

REMPLACEZ L'HUILE D'OLIVE PAR DE L'HUILE DE SÉSAME, QUI SE MARIE AUSSI BIEN AVEC CETTE RECETTE.

SUPERBOWL FAÇON BO-BUN VIETNAMIEN

PRÉPARATION **15 MIN**
CUISSON **15 MIN**

- 100 g de vermicelles de riz
- un peu de menthe ciselée
- 200 g de filet de bœuf
- un peu de coriandre ciselée
- 1 petite carotte
- 1 poignée de pousses de soja
- 2 c. à soupe de cacahuètes
- quelques feuilles de cœur de laitue
- 2 ou 3 nems

\+

- 1 oignon nouveau
- 1/2 gousse d'ail
- 4 c. à soupe de sauce nuoc-mâm
- 1 c. à soupe d'huile de sésame

BIENFAITS **NUTRITIONNELS**

NOUILLES DE RIZ
Elles permettent de proposer un plat qui convient parfaitement aux intolérants au gluten.

MENTHE ET CORIANDRE
Facilitant la digestion et donnant un maximum de saveur à ce délicieux superbowl, elles n'apportent pas de calories.

MON CONSEIL

SERVEZ LES NEMS AVEC DE LA SAUCE POUR NEMS.

POUR **2 SUPERBOWLS**

• Faites ramollir les vermicelles dans un bol d'eau froide pendant 5 min. Égouttez-les puis faites-les cuire 3 min dans une casserole d'eau bouillante. Égouttez et réservez.
• Pendant ce temps, faites revenir le bœuf coupé en lamelles dans une poêle avec l'huile de sésame, l'oignon et l'ail durant 5 min. Salez et poivrez. Dans une autre poêle, faites dorer les nems quelques minutes. Hors du feu, coupez-les en trois.

• Dans de grands bols, répartissez la laitue coupée en lanières, les pousses de soja, la carotte coupée en fins bâtonnets, la menthe et la coriandre, les vermicelles de riz, le bœuf et les nems. Parsemez le tout de cacahuètes concassées.
• Mélangez la sauce nuoc-mâm avec 2 cuillerées à soupe d'eau bouillante. Nappez-en les bo-bun et servez bien chaud.

SUPERBOWL
CHICKEN SALAD

PRÉPARATION **25 MIN**
CUISSON **20 MIN**

1 pincée de piment en poudre fort ou doux

coriandre ciselée

160 g de filet de poulet émincé

6 tomates cerises

2 poignées de pousses d'épinard

1 avocat

120 g de quinoa tricolore

BIENFAITS **NUTRITIONNELS**

LE POULET
Il fournit de bonnes protéines.
QUINOA
Aussi appelé « riz des Incas », il contient de nombreux minéraux tels que le fer, le manganèse et le cuivre.

- 1 citron vert pressé + 1 tranche fine
- \+ 3 c. à soupe d'huile d'olive
- 2 c. à café de crème fraîche épaisse

POUR **2 SUPERBOWLS**

• Faites cuire le quinoa dans une casserole d'eau bouillante salée, selon le temps de cuisson indiqué sur le paquet. Égouttez, laissez refroidir et parsemez de piment.
• Faites revenir le poulet pendant 10 min dans une poêle chauffée à l'huile d'olive. Laissez tiédir.
• Coupez l'avocat en deux et ôtez le noyau. Coupez une moitié en lamelles et versez-y quelques gouttes de jus de citron.
• Préparation du guacamole. Écrasez l'autre moitié d'avocat à l'aide d'une fourchette et mélangez-la avec la coriandre. Salez et poivrez. Réservez.
• Dans deux grands bols, déposez les pousses d'épinard, le quinoa et le reste d'huile d'olive. Mélangez. Ajoutez le poulet, l'avocat au citron, le guacamole, les tomates cerises coupées en deux, la rondelle de citron et la crème. Salez et poivrez. Servez sans attendre.

SUPERBOWL
RENVERSÉ

PRÉPARATION **15 MIN**
CUISSON **25 MIN**
REPOS **1 H 10**

1 blanc de poulet émincé

1 ou 2 oignons nouveaux

2 champignons noirs déshydratés

1 petit morceau de gingembre

1/2 petit chou chinois

120 g de riz blanc

2 œufs

2 carottes

BIENFAITS **NUTRITIONNELS**

CAROTTE
Riche en vitamines, elle contient du bêta carotène, qui lui confère sa jolie couleur et assure une belle peau !

+
- 1 c. à soupe d'huile d'olive
- 1 gousse d'ail
- 2 c. à soupe de sauce soja
- 1 c. à soupe de sauce d'huître
- 1 c. à café de fécule de maïs

POUR **2 SUPERBOWLS**

• Faites mariner l'émincé de poulet dans le gingembre, l'huile d'olive, la moitié de la sauce soja et l'ail au frais durant 1 h.
• Réhydratez les champignons pendant 10 min dans de l'eau tiède puis hachez-les. Faites cuire le riz pendant 10 min. Égouttez.
• Faites revenir dans une poêle le poulet pendant 5 min à feu vif. Réservez.
• Préparation de la sauce. Mélangez le reste de sauce soja, la sauce d'huître, 2 cuillerées à soupe d'eau et 1 cuillerée à café de fécule de maïs.
• Dans un wok, faites revenir les carottes coupées en bâtonnets et le chou pendant 2 ou 3 min. Versez la sauce par-dessus, mélangez et laissez mijoter à feu vif durant 2 min. Ajoutez le poulet et laissez revenir le tout quelques minutes de plus.
• Faites cuire les œufs à la poêle, puis déposez-en 1 par bol, dans le fond et à l'envers. Ajoutez ensuite les légumes, le poulet et le riz.
• Tassez un peu puis renversez sur une assiette avant de servir.

INDEX DES RECETTES
PAR ORDRE ALPHABÉTIQUE

INDEX PAR INGRÉDIENTS

TABLE DES ÉQUIVALENCES FRANCE-CANADA

Poids	55 g	100 g	150 g	200 g	250 g	300 g	500 g	750 g	1 kg
	2 onces	3,5 onces	5 onces	7 onces	9 onces	11 onces	18 onces	27 onces	36 onces

Ces équivalences permettent de calculer le poids à quelques grammes près (en réalité, 1 once = 28 g).

Capacités	5 cl	10 cl	15 cl	20 cl	25 cl	50 cl	75 cl
	2 onces	3,5 onces	5 onces	7 onces	9 onces	17 onces	26 onces

Pour faciliter la mesure des capacités, une tasse équivaut ici à 25 cl (en réalité, 1 tasse = 8 onces = 23 cl).

PAPIER À BASE DE FIBRES CERTIFIÉES

LAROUSSE s'engage pour l'environnement en réduisant l'empreinte carbone de ses livres. Celle de cet exemplaire est de :
1 kg éq. CO_2
Rendez-vous sur www.larousse-durable.fr

Direction de la publication : Isabelle Jeuge-Maynart et Ghislaine Stora
Direction éditoriale : Agnès Busière
Édition : Emmanuelle Dalgarno
Conception graphique : Claire Morel-Fatio
Mis en page : Valérie Verroye
Couverture : Aurore Elie
Fabrication : Donia Faiz

Les Éditions Larousse utilisent des papiers composés de fibres naturelles, renouvelables, recyclables et fabriquées à partir de bois issus de forêts qui adoptent un système d'aménagement durable. En outre, les Éditions Larousse attendent de leurs fournisseurs de papier qu'ils s'inscrivent dans une démarche de certification environnementale reconnue.

ISBN : 978-2-03-592651-7

Photogravure Nord Compo, Villeneuve-d'Ascq
Imprimé en Italie par Stige
Dépôt légal : avril 2016
317768/02 – 11035999 – mai 2017

ZOOM SUR LES INGRÉDIENTS

Pour un superbowl digne de ce nom, voici la liste non exhaustive des ingrédients que vous allez rencontrer dans cet ouvrage.

LES ALIMENTS DE BASE

Ces aliments servent de base à la recette de tous les superbowls de ce livre et permettent de composer une recette riche en nutriments.

DES FRUITS ET DES LÉGUMES FRAIS

On ne le dira jamais assez : une alimentation équilibrée commence par la consommation quotidienne de fruits et de légumes. Ça tombe bien, les superbowls leur font la part belle : vous les trouverez dans toutes les recettes de ce livre. Radis noir, chou kale, grenade, avocat... À vous les fruits et les légumes bons pour la santé ! Pour plus de saveur : choisissez-les frais et de saison. Évitez les fraises ou les tomates en hiver et préférez les pêches et les abricots en été. Hors saison, ou si vous ne trouvez pas ces ingrédients, vous pouvez opter pour les surgelés, à condition qu'ils ne soient pas cuisinés. Choisissez-les nature pour limiter les additifs chimiques néfastes pour la santé. Les surgelés faits maison ou achetés dans le commerce peuvent ainsi vous dépanner et vous permettre de bénéficier de fruits et légumes selon vos envies, à tout moment de l'année. En revanche, les conserves qui altèrent la saveur des aliments sont à éviter.

DES CÉRÉALES ET DES LÉGUMINEUSES

Lentilles, quinoa, flocons d'avoine, orge, riz noir... Leur consommation régulière est recommandée. Pourquoi ? Parce qu'elles contiennent de bonnes protéines végétales, notamment lorsque les céréales et les légumineuses sont associées : elles peuvent alors remplacer la viande, le poisson et les œufs. Avec elles, on fait le plein de fibres, minéraux et vitamines variés. Cette association est présente dans de nombreuses recettes, pour toujours plus d'équilibre et de bienfaits !

DE LA VOLAILLE, DU POISSON, DES FRUITS DE MER...

...Mais aussi des œufs ! Voilà des aliments parfaits pour un apport optimal de protéines animales. Vous trouverez également des recettes à base de viande rouge. S'il n'est pas recommandé d'abuser de cette dernière, il n'est pas nécessaire pour autant de la supprimer, car elle est notamment riche en fer, essentiel à la santé.

N'OUBLIEZ PAS
PRENEZ LE TEMPS DE VOUS CONCOCTER UN JOLI SUPERBOWL, VOUS AUREZ ENCORE PLUS ENVIE DE LE DÉGUSTER !

SUPERBOWLS : ON SE MET L'EAU À LA BOUCHE !

En cuisine, le visuel est très important : le plaisir commence en effet avec les yeux. Ça tombe bien, les superbowls se prêtent particulièrement à une présentation soignée, ils sont très photogéniques ! Pour les présenter joliment, misez donc sur votre vaisselle préférée.

Choisissez des bols colorés, unis ou à motifs, assortis de couverts et serviettes aux couleurs harmonieuses et présentez le tout sur un beau plateau. Rien de tel pour ouvrir l'appétit et mettre en valeur vos préparations.

Pour la présentation du superbowl lui-même, vous pouvez bien sûr vous inspirer des photos du livre, mais vous pouvez aussi imaginer vos propres réalisations en parsemant des décorations ou des toppings sur vos plats. Vous pouvez aussi bien varier les recettes en y ajoutant une herbe ici ou une pointe d'épice là, pour un superbowl unique et qui vous ressemble. Les possibilités sont infinies ! En apportant du soin à la présentation de vos superbowls, vous mettez en valeur votre cuisine, pour toujours plus de plaisir.

UN SUPERBOWL C'EST QUOI ?

Vous avez envie d'un plat complet, gourmand et équilibré à la fois ? Le superbowl est fait pour vous ! Ces plats colorés servis dans un bol sont parfait pour les adeptes de la cuisine *healthy*, et se déclinent en version salée et sucrée. Vous pourrez donc en déguster aussi bien à l'heure du petit déjeuner qu'au moment du déjeuner, du goûter ou du dîner.

SES ATOUTS ?

Le mélange des ingrédients reconnus pour leurs vertus : des légumes frais bien sûr, des fruits gorgés de vitamines, mais aussi des céréales complètes, des légumineuses et bien d'autres superaliments, comme des graines germées ou des épices aux vertus étonnantes. Se nourrir avec le superbowl, c'est la garantie de faire le plein de nutriments essentiels pour l'équilibre et la santé, tout au long de l'année, en toute simplicité et avec un maximum de gourmandise... Plutôt tentant non ? Alors, prêts à essayer ? À vos marques, prêts... cuisinez !

LE MATÉRIEL NÉCESSAIRE

Les recettes de ce livre ne demandent aucun matériel de cuisine particulier, si ce n'est un robot mixeur ou un blender pour toutes les préparations lisses comme les smoothiebowls.

SOMMAIRE

QUITTERIE PASQUESOONE
PHOTOGRAPHIES A. JEANNETTE

SUPER BOWLS

LES REPAS SANTÉ & ÉQUILIBRÉS

LAROUSSE
21, rue du Montparnasse 75283 Paris Cedex 06